Vermögensaufbau für Einsteiger

Wie Sie mit finanzieller Intelligenz und nachhaltiger Vermögensbildung Schritt für Schritt reich werden und finanzielle Freiheit erlangen

Matthias Kopischke

INHALT

Das erwartet Sie in diesem Buch

Sie interessieren sich für die perfekte Geldanlage, um Vermögen aufzubauen? Sie haben vielleicht schon einen gewissen Geldbetrag auf Ihrem Girokonto liegen und wissen nichts damit anzufangen? Oder Sie möchten früh anfangen und einen kleinen Teil Ihres Gehaltes monatlich zur Seite legen, um Ihre Wünsche in Erfüllung gehen zu lassen?

Dann sind Sie hier genau an richtiger Stelle gelandet. Mit diesem unterhaltsamen Buch über das Thema Vermögensbildung erhalten Sie nicht nur Tipps und Tricks, wie Sie Ihre perfekte, auf Sie zugeschnittene Geldanlage finden, sondern auch, wie Sie ganz einfach Ihre Wünsche und Ziele aus finanzieller Sicht in Ihrem Leben verwirklichen können. Sie fragen sich sicherlich, was Sie für die Erfüllung Ihrer Wünsche und Ziele mitbringen müssen? Ganz einfach Geduld, Durchhaltevermögen und etwas Hintergrundwissen. Zudem erhalten Sie ebenfalls noch einige Gedankenstöße, wie Ihre Geldanlage für Sie arbeitet und wie der Staat und Ihr Arbeitgeber Ihren Vermögensaufbau unterstützen können. Dabei achten Sie auch auf die steuerlichen Aspekte und berücksichtigen Sie diese. Sie können nun nichts mehr falsch machen, wenn Sie sich an die Regeln dieses Buches halten.

Vergewissern und überzeugen Sie sich selbst, wie einfach ein Vermögensaufbau sein kann. Und wenn man das gewisse Hintergrundwissen hat, macht es sogar Spaß. Also legen Sie los und schauen Sie, welche Geldanlage am besten zu Ihnen passt. Sind Sie eher der zurückhaltende und sichere Typ oder gehen Sie auch gern mal ein Risiko ein? Entscheiden Sie selbst. Alle Richtungen sind korrekt.

Was versteht man unter den Begriffen Vermögensbildung bzw. Vermögensaufbau?

BEGRIFFSERKLÄRUNG/ DEFINITION?

Vermögensbildung bzw. Vermögensaufbau ist die Bildung oder der Aufbau Ihres Vermögens durch monatliches Sparen, Anlage von Geldbeträgen oder Investition in unterschiedliche Geldanlagen wie zum Beispiel:

Aktien, Fonds, Bausparverträge oder auch Immobilien. Aber auch Sparanlagen, wie das klassische Sparbuch, zählen zur Vermögensbildung. Wichtig ist hierbei, dass der angelegte Geldbetrag bzw. der monatliche Sparbetrag in unterschiedlichen Anlagen investiert wird. Je nachdem, wie risikobewusst Sie sind. Das nennt sich Risikostreuung. Hierzu zählen die Begrifflichkeiten Sicherheit, Rentabilität und Liquidität. Sie müssen sich immer fragen, wie sicher soll meine Geldanlage sein? Was soll meine Geldanlage an Ertrag bringen? Wie schnell soll meine Geldanlage verfügbar sein? Wenn Sie eine sichere und schnell verfügbare Geldanlage wünschen, bringt diese meist wenig Ertrag. Wenn Sie sich eine ertragreiche Geldanlage wünschen, ist diese meist mehr risikohaft und weniger schnell verfügbar. Falls Sie sich für eine schnell verfügbare Geldanlage entscheiden, haben Sie hier wenig Möglichkeiten, auf einen guten Ertrag und schnelle Verfügbarkeit.

Leider ist das Thema Geldanlage für viele Menschen sehr kompliziert und verwirrend. Trotzdem sollten Sie sich dem Thema bewusst stellen, denn jeder Mensch hat Wünsche und Ziele. Um Ihre kurz- oder langfristigen Wünsche und Ziele finanzieren zu können, benötigen Sie die passende Anlagestrategie. Doch die Entscheidung, welche Anlage für mich die richtige ist, bedarf einiger wichtiger und genauer beschriebenen Aspekte.

Sie sollten daher vor jeder Entscheidung überlegen, welche Prioritäten für Sie an erster Stelle stehen. Sie kennen sehr wahrscheinlich die Begrifflichkeiten Rendite, Sicherheit und Verfügbarkeit bereits. Diese werden häufiger vorkommen, denn diese drei Begriffe kennzeichnen die unterschiedlichen Anlagemöglichkeiten.

Hier erhalten Sie einige Beispiele: hohe Sicherheit, schnelle Verfügbarkeit und geringe Ertragschancen: klassische Sparbücher oder Sparbriefe sowie Tagesgeldkonten.

Hohe Sicherheit, kaum Verfügbarkeit und hohe Ertragschancen: langfristige Anleihen (z. B. festverzinsliches Wertpapier).

Wenig Sicherheit, schnell verfügbar und hohe Ertragschancen: Anlagen im Aktien und Fondsbereich.

WELCHE FORMEN/ANLAGEKLASSEN DER VERMÖGENSBILDUNG GIBT ES IN DEUTSCHLAND?

Da es sehr unterschiedliche Formen der Vermögensbildung gibt, nennen wir diese Anlageklassen. Diese unterscheiden wir in ihren verschiedenen Kriterien, wie auch oben bereits beschrieben, mit den Begriffen Sicherheit, Rentabilität und Liquidität. Da die Eigenschaften und Gesetze gleich sind pro Anlageklassen, kann man diese gemeinschaftlich analysieren. Wichtig ist es, dass das Risiko gestreut wird. Sie sollten deshalb in verschiedene Anlageklassen investieren und nicht nur in eine.

1. Anlageklasse: klassische Bankprodukte wie zum Beispiel Sparbücher. Diese Anlageform ist zwar sehr sicher, bietet aber kaum Ertragschancen durch die Niedrigzinspolitik. Zu dieser Anlageklasse gehört ebenfalls das Tagesgeldkonto, welches ebenfalls das Thema Sicherheit abdeckt, jedoch spielt hier die Niedrigzinspolitik eine große Rolle. Neben diesen beiden klassischen Anlageprodukten gehört auch die Kapitallebensversicherung dazu. Diese zählt zu den

Altersvorsorgeprodukten. Der Bausparvertrag zählt ebenfalls zu den klassischen Bankprodukten.

2. Anlageklasse: Wertpapiere, Aktien, Fonds: Aktien sind Anteile an Unternehmen, hierbei profitiert man von den Kursschwankungen auf dem Markt. Alternativen sind Anleihen, hier vereinbart man eine feste Laufzeit. Bei Aktien und Anleihen muss man auf die Bonität des Unternehmens achten. Zudem können hohe Kursschwankungen zu Verlusten führen.

3. Anlageklasse: Rohstoffe, Investition in Edelmetalle wie Gold oder Platin. Hier spielt auch die Kursschwankung eine große Rolle.

4. Anlageklasse: Immobilien, bei den Immobilien profitiert man von einer guten stabilen Rendite, aber Sie als Anleger haben meistens keine Einsicht, in welche Immobilien investiert wird, daher kann es auch vorkommen, dass Immobilien negative Erträge erzielen. Zudem müssen Sie hier als Anleger langfristig denken, da erhöhte Kosten auf Sie zukommen.

5. Anlageklassen: Altersvorsorge, hierzu zählen die Riester-Rente, Rürup-Rente, private Rentenversicherung und Lebensversicherung.

Sie erkennen schon an den vielen unterschiedlichen Anlageklassen, dass es wichtig ist, in verschiedene Risikoklassen zu investieren, um das Risiko, Verluste zu schreiben, zu minimieren, insbesondere, wenn Sie unterschiedliche zeitliche Wünsche und Ziele haben.

Das Thema mit dem Vermögens- bildungsgesetz

D as Vermögensbildungsgesetz ist ein zusätzliches Plus in der Vermögensbildung und unterstützt die Arbeitnehmer bei ihrer vermögenswirksamen Anlage. Vermögenswirksame Anlagen, auch kurz VWL genannt, sind Geldleistungen, die der Arbeitgeber dem Arbeitnehmer als zusätzliche Leistung erbringt. Die VWL werden direkt vom Arbeitgeber auf die ausgesuchte Anlage eingezahlt. Diese Anlage wird zugunsten vom Arbeitnehmer in die vorgesehenen Anlageformen investiert und wird vom Arbeitgeber und vom Staat bezuschusst. Diese Vereinbarungen werden in den Arbeitsverträgen festgehalten. Eingeführt wurde das Vermögensbildungsgesetz im Jahr 1961, um den Arbeitnehmer weiterhin zum Sparen zu motivieren. Sobald der Arbeitnehmer sich für eine Anlageform bei seiner Hausbank entschieden hat, gewährt das Vermögensbildungsgesetz eine Arbeitnehmersparzulage.

Das Vermögensbildungsgesetz wird auch als das 5. Vermögensbildungsgesetz bezeichnet. Dieses Gesetz besteht aus vielen Paragrafen und es regelt, wer alles VWL erhält, in welcher Höhe der Staat sich beteiligt und was man nach der Sperrfrist mit dem Geld machen kann. VWL können folgende Personenkreise beziehen: Angestellte, Beamte, Richter, Soldaten und Auszubildende. Diese Personenkreise erhalten leider keine VWL: Selbstständige, Freiberufler, Vorstandsmitglieder und Personen ohne Beschäftigung. Vermögenswirksame Leistungen sind freiwillige Leistungen des Arbeitgebers, deshalb sollte diese Vereinbarung auch im Arbeitsvertrag geregelt sein.

Anbei erhalten Sie eine Aufstellung, welche Anlageformen bezuschusst werden: Wertpapier-Kaufverträge, Wertpapier- und Vermögensbeteiligungs-Sparverträge, Bausparverträge und Banksparpläne. Der Arbeitnehmer darf frei entscheiden, welche Anlageform er wählt. Dazu gilt ein Höchstbetrag von 40 EURO monatlich. Hierbei sind die Einkommensgrenze und die gesetzliche Sperrfrist zu beachten. Bei den Wertpapier- und Vermögensbeteiligungs-Sparverträgen und Bausparverträgen muss der angelegte Vertrag eine Vertragslaufzeit von mindestens 7 Jahren enthalten. 6 Jahre Sperrfrist gibt es bei Wertpapier-Kaufverträgen. Die unmittelbaren wohnungswirtschaftlichen Aufwendungen sind ausgenommen. Was ebenfalls noch dazu zählt, sind die Riester-Rente und die betriebliche Altersvorsorge, auch als AVWL bezeichnet (Altersvorsorge-vermögenswirksame Leistungen).

Es gilt bei der Anlage von VWL die Bemessungsgrundlage von maximal 400/470 EURO pro Jahr. Dies bedeutet, dass maximal 400/470 EURO pro Jahr gefördert werden. Jedoch muss man auch hier die Einkommensgrenzen beachten. Dies ist bei Ledigen 17.900 EURO bzw. 20.000 EURO und bei Verheirateten 35.800 EURO bzw. 40.000 EURO je nach Anlageform. Die Arbeitnehmersparzulage wird vom Arbeitnehmer von seinem zuständigen Finanzamt auf Antrag festgesetzt und nach der Sperrfrist ausgezahlt. Die Geldleistung zählt nicht zum steuerpflichtigen Einkommen. Die Arbeitnehmersparzulage wird einmal im Jahr vom Arbeitnehmer beantragt.

BEISPIELE ZUR VERMÖGENSBILDUNG

Wie oben schon aufgezählt, gibt es verschiedene Anlagemöglichkeiten zur Vermögensbildung. Im Folgenden werden wir die einzelnen Anlageformen beschreiben und Beispiele erbringen.

Wertpapier-Kaufverträge: Hier kauft der Arbeitnehmer Aktien über Beteiligungspapiere an einer Aktiengesellschaft. Der Aktienbesitz berechtigt einen Einblick in die Geschäftsbücher der Aktiengesellschaft. Mit dem Erwerb einer Aktie erreicht der Arbeitnehmer einen Anteil an dem Unternehmen. Die Aktie entspricht einem bestimmten Geldwert, der abhängig von der wirtschaftlichen Entwicklung der Aktiengesellschaft ist.

<u>Folgende Vorteile hat ein Aktienkauf:</u> Anleger haben eine sehr hohe Chance auf eine sehr gute Rendite, natürlich kommt es auch auf das Unternehmen an. Durch die Anlage in Aktien sind die Anleger ein Teil der Aktiengesellschaft und haben somit ein Mitbestimmungsrecht. Und die Auswahl an Aktien ist sehr groß.

<u>Folgende Nachteile hat ein Aktienkauf:</u> Anleger können ihr komplettes investiertes Kapital durch die Bonität und Kursschwankungen der Aktiengesellschaft verlieren. Das Risiko ist im Gegensatz zu anderen Anlagemöglichkeiten sehr hoch und die Ausschüttung bzw. die Dividende ist nicht sicher.

Wertpapier- und Vermögensbeteiligungs-Sparverträge: ein Sparvertrag mit dem Kreditinstitut in Form eines allgemeinen Spar- und Ratensparvertrages, in einem klassischen Sparvertrag oder einer monatlichen Investition in den Erwerb von unterschiedlichen Wertpapierarten. Die regelmäßige Investition in eine Fondsanlage wird

Fondssparplan genannt. Hierbei legt der Arbeitnehmer regelmäßig seine VWL in einen Aktienfonds mit hohen Ertragschancen und vergleichsweise geringem Risiko an. Die Sicherheit und die Renditechancen hängt von den ausgewählten Fonds ab. Hier kann man auch aus vier verschiedenen Fondsmöglichkeiten wählen: Aktienfonds, Geldmarktfonds, Rentenfonds und Immobilienfonds. Bei dem Geldmarktfonds ist der Ertrag gewöhnlich am geringsten. Danach kommt der Rentenfonds. Rentenfonds und Immobilienfonds sind in etwa gleich von der Rendite. Eine gute Rendite erhält der Anleger bei den Aktienfonds. Es ist wichtig, dass der Arbeitnehmer sein Risiko und Sicherheitsprofil erkennt.

Der Fondssparplan hat in den letzten Jahren einen hohen Zuspruch als Anlagemöglichkeit erhalten, da hier die Risikostreuung gut darstellbar ist. Der Arbeitnehmer profitiert vom Cost-Average-Effect, dem sogenannten Kostendurchschnittseffekt. Bei diesem Fall ist es so, dass der Arbeitnehmer monatlich z. B. 40 EURO in einen Fondssparplan investiert. Erhöht sich der Kurs des Fonds, erhält der Arbeitnehmer weniger Anteile für seine monatlichen 40 EURO. Geht der Kurs des Fonds herunter, erhält der Arbeitnehmer für seine monatlichen 40 EURO mehr Anteile. Sollte sich danach der Kurs wieder erhöhen, hat er bereits einen Gewinn erzielt, da er für das gleiche Geld mehr Anteile erhält. Beispiel:

Arbeitnehmer spart monatlich **40 EURO** in einen Fondssparplan. Am 25.08.2021 erhält er für seinen monatlichen Beitrag **100 Anteile**.

Am 25.09.2021 gehen wieder **40 EURO** in den Fondssparplan. Der Kurs des Fonds hat sich erhöht und der Arbeitnehmer erhält nur **50 Anteile**.

Am 25.10.2021 verringert sich der Kurs und der Anleger erhält für seine monatlichen **40 EURO 150 Anteile.**

Der Kurs steigt am nächsten Tag wieder und somit hat der Arbeitnehmer einen guten Gewinn erwirtschaftet, da er günstig eingekauft hat und es eine Kurserhöhung gab.

<u>Folgende Vorteile hat ein Fondssparplan:</u> Bei einem Fondssparplan wird ein gewisses Kapital langfristig aufgebaut und verzinst. Durch die monatlichen Sparbeträge erhält der Anleger den sogenannten Cost-Average-Effect und erhält somit durchschnittlich gute Renditechancen. Der

Sparplan ist Riester-fähig und kann somit noch mehr staatliche Zuschüsse erhalten.

Folgende Nachteile hat ein Fondssparplan: Durch die Eröffnung eines Depots entstehen hohe Gebühren. Zudem besteht durch die Anlage in Aktienfonds ein Risiko bzgl. der Kursschwankungen. Ebenfalls gibt es keinen garantierten Ertrag. Zudem sollte die Anlage längerfristig laufen.

Bausparverträge: Ein Bausparvertrag ist eine Alternative zur Vermögensbildung und ein Sparvertrag, der mit einer Bausparkasse abgeschlossen wird. Dieser Vertrag dient meistens zur späteren Immobilienfinanzierung. Ein Bausparvertrag kann von verschiedenen staatlichen Förderungen profitieren.

Bei Abschluss eines Bausparvertrages wird im Vorfeld der Tarif besprochen. Dieser unterscheidet sich in den Spar- und Darlehenszinsen. Ein Bausparvertrag ist nämlich in Sparen und Darlehen unterteilt. Ist für den Anleger der Zinsbereich am wichtigsten, so nimmt er einen anderen Tarif als der Anleger, der möglichst günstige Darlehenszinsen erhalten möchte. Faktoren, die bei einem Bausparvertrag wichtig sind, sind:

Mindestvertragsdauer, Mindestguthaben und Zuteilung. Bei Abschluss erfolgt die Besprechung der Bausparsumme. Je nach Tarif sollte der Anleger 45 bis 50 % der Bausparsumme angespart haben, um das Darlehen in Anspruch nehmen zu können. Bausparverträge werden ebenfalls für die Anlage der vermögenswirksamen Leistungen genutzt. Zudem kann der Anleger auch die Wohnungsbauprämie in Anspruch nehmen. Die Wohnungsbauprämie ist eine zusätzliche Prämie vom Staat, die neue Eigentumsprojekte unterstützt. Jeder, der einen Bausparvertrag besitzt oder neu abschließt, erhält eine Prämie in Höhe von 10 % auf das jährliche Gesparte. Dieser Zuschuss ist begrenzt auf maximal 70 EURO pro Jahr für Alleinstehende und für Verheiratete maximal 140 EURO pro Jahr. Die Wohnungsbauprämie muss für jedes Jahr neu bei der Bausparkasse eingereicht werden. Die Prämien gehören nicht zu den Einkünften im Sinne des Einkommensteuergesetzes und sind somit also steuerfrei.

Folgende Voraussetzungen gelten für den Erhalt der Wohnungsbauprämie: Die erste und wichtigste Voraussetzung für den Zuschuss der Wohnungsbauprämie ist die unmittelbare wohnwirtschaftliche Verwendung bei Inanspruchnahme des Bausparguthabens oder Bauspardarlehens. Das Kapital muss für den Bau, Kauf oder die Modernisierung einer Immobilie verwendet werden. Auch bei der Wohnungsbauprämie gibt es eine Einkommensgrenze, diese bezieht sich bei Ledigen auf 35.000 EURO pro Jahr und bei Verheirateten 70.000 EURO pro Jahr. Der Bausparvertrag muss eine Mindestlaufzeit von 7 Jahren besitzen.

Folgende Vorteile hat ein Bausparvertrag: Der Bausparvertrag hat kein Zinsänderungsrisiko während der Ansparphase. Zudem erhält der Bausparer staatliche Förderungen in Form von Prämien oder der Arbeitnehmersparzulage. Das Sparguthaben ist garantiert und durch Einlagensicherung geschützt. Bausparer erhalten einen zinsgünstigen Kredit zur Immobilienfinanzierung. Der Bausparvertrag kann flexibel angepasst werden und der Bausparkredit muss nicht in Anspruch genommen werden, weiterhin findet kein Schufa-Eintrag statt.

Folgende Nachteile hat ein Bausparvertrag: Nachteil eines Abschlusses von einem Bausparvertrag sind zum Beispiel die Bearbeitungsgebühren sowie die Abschlusskosten. Zudem erhält der

Bausparer niedrige Guthabenzinsen und die Zuteilung des Bausparguthabens ist abhängig von vielen Faktoren wie zum Beispiel Laufzeit und Ansparung.

Banksparpläne: Hierzu zählen die normalen Ratensparpläne eines Kreditinstitutes. Diese sind aktuell nicht rentabel, da der Zinssatz sehr niedrig ist. Dadurch, dass die Anlage sowieso mindestens 7 Jahre angelegt werden soll, empfehlen die Bankberater eine Anlage mit höherer Rendite und etwas Risiko. Trotzdem möchten manche Kunden eine Anlage in normale Banksparpläne.

Folgende Vorteile hat ein Banksparplan: Der Banksparplan ist eine einfache und kalkulierende Sparvariante. Zeitpunkt der Einzahlung und Erträge bzw. Zinsen stehen bereits bei Vertragsabschluss fest. Durch den niedrigen Zinssatz gibt es hier keine Kursschwankungen und das eingezahlte Kapital ist zu 100 % garantiert.

Folgende Nachteile hat ein Banksparplan: Der Banksparplan hat einen niedrigen Zinssatz und ist somit nicht für eine größere Rendite vorgesehen. Durch die Inflation und den gleichbleibenden niedrigen Zinssatz haben die Sparer trotzdem einen Verlust.

Altersvorsorgeverträge: Arbeitnehmersparzulage kann ebenfalls in einen Riester-Vertrag eingebracht werden. Dies ist sehr sinnvoll, da die Rentenproblematik sehr im Vordergrund steht. Ziel der Riester-Rente ist, die Rentenlücke zu schließen. Es kann sogar vorkommen, wenn ein Sparer seine vermögenswirksamen Leistungen in einen Riester-Vertrag einzahlt, dass er seinen Eigenbeitrag komplett auf 0 Euro senken kann. Die Zulage vom Arbeitgeber bzw. vom Staat können dafür sorgen, dass der Sparer ohne Beiträge in eine zusätzliche Altersvorsorge einzahlen kann. Die Förderung bei Riester-Verträgen sieht folgendermaßen aus: Jeder, der in einen Riester-Vertrag einzahlt, kann 175 EURO Grundzulage erhalten plus 185 EURO Kinderzulage. Für Kinder, die ab 2008 geboren wurden, erhält der Sparer sogar 300 EURO jährlich. Die Förderung hängt allerdings vom Vorjahreseinkommen ab und kann von einem Bankberater berechnet werden. Selbst der Sparer kann dies eigenhändig berechnen. Beispiel: Ein junger Mann, der seit zwei Jahren ausgelernt hat, dessen Kind nach 2008 geboren wurde, verdient monatlich 2.500 EURO brutto. Dies entspricht 30.000 EURO pro Jahr. Bemessungsgrundlage ist das Bruttoeinkommen vom Vorjahr * 4 % = 1.200,00 jährliche Einzahlung bzw. Eigenanteil des Sparers. Hier kann man noch seine Grundzulage von 175 EURO und die Kinderzulage von 300 EURO abziehen = 725,00 € jährliche Einzahlung, bzw. der Eigenanteil vom Sparer. 725 € / 12 Monate = 60,50 EURO pro Monat. Der junge Mann spart 60,50 EURO für seine Rente jeden Monat und erhält eine Zulage im Jahr von 475,00 EURO.

Folgende Vorteile hat eine Riester-Rente: Vorteil der Riester-Rente ist, dass sämtliche Beiträge in der jährlichen Steuererklärung als Sonderausgaben geltend gemacht werden können. Dieser Fall vermindert das zu versteuernde Einkommen und der Sparer spart zusätzlich Steuern. Sparer erhalten zusätzlich eine lebenslange Rente und es erfolgt eine garantierte Auszahlung der Eigenbeiträge und der Zulagen. Zudem ist diese Sparvariante pfändungsfrei.

Folgende Nachteile hat eine Riester-Rente: Ein solcher Vertrag lohnt sich nur, wenn der Sparer ein hohes Alter erreicht. Man hat bei den Einzahlungen einen Steuervorteil, aber bei der Auszahlung muss das Kapital trotzdem versteuert werden.

So beantragen Sie die vermögens- wirksamen Leis- tungen richtig

Hier zeigen wir Ihnen auf, wie Sie die ver- mögenswirksamen Leistungen richtig, schnell und einfach beantragen können:

1. Schritt: Informieren Sie sich zu dem Thema ver- mögenswirksame Leistungen

Bevor Sie sich für den Abschluss der vermögenswirksamen Leistungen entscheiden, sollten Sie
sich gut informieren. Es geht nicht nur darum,
dass das Thema sehr vielseitig ist, nein, es geht
auch darum, dass nicht jede Anlage zu einem
Menschen passt. Sie sollten sich auf jeden Fall fragen, welches Ziel Sie verfolgen, sprich: Was möchten Sie in Zukunft erreichen? Haben Sie vor, ein
Haus zu bauen, ein neues Auto zu kaufen oder einfach eine Weltreise zu starten? Lassen Sie sich beraten, welche Anlage am besten zu Ihren Wünschen passt.

2. Schritt: Als Nächstes sollten Sie mit Ihrem Chef
oder mit der dazugehörigen Personalabteilung
sprechen, ob und in welcher Höhe vermögenswirksame Leistungen angeboten werden. Meistens stehen diese Themen auch schon direkt im
Arbeitsvertrag bzw. es wird auch oft bei dem Vor-
stellungsgespräch besprochen. Sie sollten allerdings wissen, dass nicht jeder Arbeitgeber vermögenswirksame Leistungen anbietet, da dieses Zusatzgeld freiwillig ist. Zudem sollten Sie auch beachten, dass oft nicht der Maximalbetrag von
40,00 EURO monatlich gezahlt wird. Es lohnt sich

auf alle Fällte, dieses Zusatzgeld dann auf 40,00 EURO monatlich aufzustocken, sodass Sie die maximale Förderung erhalten können.

3. Schritt: Vereinbaren Sie einen Termin mit Ihrem Bankberater und lassen Sie sich beraten. Zunächst sollten Sie sich ganz genau beraten lassen, welche Anlage zu Ihren Bedürfnissen und Wünschen passt. Ihr Berater kann Sie dabei unterstützen.

4. Schritt: Jetzt folgt der nächste Schritt, und zwar wählen Sie die richtige Geldanlage aus. Sie haben sich mittlerweile gut informiert und beraten lassen, jetzt müssen Sie wählen, und zwar die richtige zu Ihnen passende Geldanlage. Kommen Sie nicht von Ihren Wünschen und Bedürfnissen ab, diese sind wichtig, denn das Entscheidende ist Ihr Sparziel und nicht die staatliche Förderung. Sie sollten sich außerdem mit Ihrer Entscheidung wohlfühlen und kein komisches Bauchgefühl haben. Sollte Ihre Tendenz auf Sicherheit liegen, sollten Sie sich nicht für einen Fondssparplan entscheiden. Steht aber für Sie Rendite an erster Stelle, dann sind Sie einem Fondssparplan nicht

abgeneigt und Sie können ein gewisses Risiko eingehen.

5. Schritt: Haben Sie sich einmal dafür entschieden, läuft alles komplett automatisch ab. Die monatlichen Beiträge werden automatisch eingezogen und Sie müssen sich um nichts mehr kümmern. Sechs Jahre sparen Sie Ihre vermögenswirksamen Leistungen vollständig und im siebten Jahr ruhen Ihre VL.

Sobald diese 5 Schritte vorbei sind, fängt wieder alles von vorn an und Sie können sich für eine andere Sparanlage entscheiden.

Warum ist der Vermögensaufbau so wichtig?

Heutzutage gibt es sehr viele Anlagestrategien und Anlageformen, um seinen Vermögensaufbau voranzubringen. Oft sind die Anleger, wenn es keine Vorkenntnisse gibt, etwas überrascht und eingeschüchtert. Aber dazu gibt es geschulte und eingelernte Spezialisten, die Ihnen helfen können, die richtige Anlage zu finden. Eine sinnvolle Anlagestrategie ist

Priorität Nummer eins. Viele deutsche Anleger leiden unter der andauernden niedrigen Zinspolitik. Schon viele Jahre sind die klassischen Bankprodukte, wie Sparbücher, Tagesgeldkonten oder Festgelder, keine Option mehr, um sein Vermögen aufzubauen, da diese Anlageformen kaum bis keine Zinsen erwirtschaften. Schuld an dieser Situation ist die Europäische Zentralbank, auch kurz EZB genannt. Diese hat in den letzten Jahren den Zinssatz immer weiter gesenkt, um so die Wirtschaft wieder anzukurbeln. Die es leider zu spüren bekommen, sind die Anleger. Diese müssen sich mit der Inflation bzw. Geldentwertung herumschlagen.

Inflation bedeutet den stetigen Anstieg des Preisniveaus einer Wirtschaft. Der Wert des Geldes sinkt, das bedeutet, dass Sie sich für den gleichen Geldbetrag weniger kaufen können als zuvor. Beispiel können Sie an den Ölpreisen sehen. Sie zahlen 50 EURO und erhalten heute nur noch 30 Liter Benzin. Früher haben Sie dafür zum Beispiel 60 Liter Öl erhalten. Zur Inflation gibt es dann noch die Deflation. Das ist das Gegenteil einer Inflation. Hier ist es so, dass sich die Preise einzelner Waren oder Dienstleistungen langfristig senken und der Wert des Geldes ansteigt. Ebenso wie die Inflation hat die Deflation negative Eigenschaften auf die Wirtschaft. Unternehmen müssen darüber nachdenken, wie sie auf die sinkenden Preise reagieren, wie zum Beispiel, indem sie Arbeitskräfte entlassen oder Löhne senken.

Das Thema Vermögensaufbau wird leider erst für viele Menschen im späteren Leben relevant. Die jüngeren Anleger wie zum Beispiel Auszubildende wollen erst mal ihr ‚Leben leben' und das verdiente Azubigehalt ausgeben. Nichtsdestotrotz ist es gerade für jüngere Leute interessant, rechtzeitig mit dem Vermögensaufbau anzufangen. Somit wird der Grundstein für ihre Wünsche und Ziele im Leben schon einmal gelegt. Für viele ist es wichtig, später im Leben selbstständig zu sein und nicht mehr bei Mama und Papa wohnen zu müssen. Meistens haben die jungen Menschen auch noch den Wunsch, sich das Traumauto leisten zu können oder den Traumurlaub. Dies können sie aber nur, wenn rechtzeitig mit dem Sparen angefangen wird. Einige haben auch das Ziel, beruflich durchzusteigen und müssen eine Weiterbildung selbst bezahlen. Leider machen sich viele junge Menschen darüber keine Gedanken, obwohl dies ein sehr wichtiger Bestandteil und Abschnitt eines Lebens ist. Nicht jeder Bankberater möchte etwas Schlechtes, wenn über die Zukunft gesprochen wird. Zudem ist es für viele Menschen undenkbar, einen kleinen Betrag monatlich zu investieren. Oft heißt es, mit wenig lässt sich auch nur wenig verdienen. Das stimmt nicht so ganz. Es ist äußerst wichtig, früh anzufangen zu sparen, da es auch Sparpläne gibt, die schon ab monatlich 10 EURO beginnen.

Es gibt so viele Wünsche und Ziele, die die Anleger haben und diese erreichen möchten. Dabei hilft nur, monatlich zu sparen und sein eigenes Vermögen aufzubauen. Das Wichtigste im Leben sind nämlich die Wünsche, Ziele und Bedürfnisse eines einzelnen und diese möchte man beibehalten oder in naher Zukunft erreichen.

Im Internet und auf den Social-Media-Seiten gibt es viele Tipps und Tricks über ETFs oder Kryptowährungen, in denen man viel Ertrag erreichen kann. Jedoch ist der Vermögensaufbau kein Glücksspiel wie beim Lotto oder hat etwas mit Zocken zu tun. Vermögensaufbau ist eine auf die Anleger angepasste, individuelle und abgestimmte Strategie. Hier steht der Anleger mit seinen

Wünschen und Zielen im Vordergrund und seine persönlichen Aspekte, welche ihm wichtig sind wie zum Beispiel: Rendite, Sicherheit und Verfügbarkeit.

Die drei Grundprinzipien für den Vermögensaufbau sind folgende: Sie sollten weniger Geld ausgeben, als Sie einnehmen; sobald Sie am Ende des Monats einen Überschuss haben, sollten Sie diesen zur Seite zu legen und das Geld, welches Sie zur Seite gelegt haben, investieren. Sie sollten demnach Ihren Alltag gut kennen und wissen, wie viel Sie wofür ausgeben und was am Ende des Monats eventuell übrigbleibt. Dieses zurückgelegte Geld sollten Sie dann gewinnbringend investieren und Ihr Geld arbeitet für Sie und kann sich automatisch vermehren. Sie sollten sich demnach eine monatliche Sparquote setzen, was Sie monatlich mindestens investieren möchten. Trotzdem sollten Sie an Ihren Alltag denken bzw. an Ihre Situation, damit sind Sie sicher, dass Sie Ihr vorgelegtes Sparziel erreichen können. Sie möchten wissen, wie Ihre Sparquote ist? Genau das entscheiden Sie allein. In den letzten 20 Jahren lag die Sparquote der Deutschen bei 10 bis 20 Prozent. Im ersten Quartal 2021 sogar bei 23,2 Prozent.

Als Orientierung können Sie sich an dem Jahres-bruttoeinkommen orientieren. Bei einem Jahres-einkommen bis 30.000 EURO ist die empfohlene Sparquote 8 Prozent und so geht das weiter bis zu einem Jahreseinkommen von mehr als 300.000 EURO liegt die empfohlene Sparquote bei 30 Prozent und höher.

Sie fragen sich, wann der richtige Zeitpunkt für Ihren Vermögensaufbau ist? Der ist genau jetzt! Sie wissen nun auch schon, dass fallende und steigende Kurse am Börsenmarkt gut und weniger gut für Sie sein können. Deshalb wird empfohlen, dass Sie monatlich einen gewissen Geldbetrag investieren. Monat für Monat. So können Sie sich Erfahrung und Wissen aneignen.

Um zu wissen, wie Sie Ihr Vermögen aufbauen möchten, ist es wichtig zu klären, wie die aktuelle finanzielle Lage bei Ihnen ist. Deshalb ist es wichtig, eine Bestandsaufnahme von all Ihren Unterlagen bis hin zu Versicherungen zu machen. Hierbei spielen auch die Einnahmen und Ausgaben eine wichtige Rolle, wie auch zum Beispiel die Mietzahlungen oder sonstige Verträge. Was Sie ebenfalls beachten sollen, ist, ob Sie demnächst eine Gehaltserhöhung erwarten und für welche

Wünsche und Ziele Sie regelmäßig Geld zur Seite legen möchten, da Sie dieses schnell verfügbar benötigen. Ebenfalls notwendig zu wissen ist es, ob Sie einen aktuellen Kredit am Laufen haben und wann dieser abbezahlt ist. Diese Bestandsaufnahme steht bei den meisten Banken als erste Priorität und ist wichtig, um eine gute Übersicht zu behalten. Entweder machen Sie diesen Check oder Bestandsaufnahme gemeinsam mit einem Bankberater oder allein. Dies kann auch Vorteile haben, es kann sein, dass Sie selbst erkennen, welche Versicherungen Sie benötigen oder welche Sie kündigen können oder welche Versicherungen in Zukunft zu teuer werden. So können Sie auch einen Kostenvergleich starten und eventuell andere Versicherungen, die günstiger sind, abzuschließen.

Sobald Sie aktuelle Kredite noch abbezahlen, sollten Sie überprüfen, wie lange Sie noch gebunden sind und wie viel Sie davon tilgen. Sie sollten sich auch im Klaren sein, wenn Sie mit Ihrem Konto ins Minus gehen, dass dies erhebliche Kosten nach sich zieht.

Es gibt vier Baustellen, die Sie auch bei der Bestandsaufnahme abgeklärt haben sollen. Der erste Baustein deckt alle laufenden Kosten ab wie Ihre

Miete, Verpflegung, Versicherungen oder sonstige Ausgaben, zum Beispiel Kleidung oder für Ihr Hobby. Hier kann man vom laufenden Zahlungsverkehr sprechen, und zwar geht es hier um das Girokonto. Der zweite Baustein klärt die finanziellen Reserven ab. Dies heißt, schnell verfügbare Gelder, wenn zum Beispiel eine Reparatur am Auto fällig ist oder eine neue Waschmaschine gekauft werden muss. Hier spricht man von schnell verfügbaren Anlagen. Man spricht von Notfallreserven.

Eine mögliche Anlageform ist hier das Tagesgeldkonto. Erst, wenn diese zwei Bausteine geklärt sind, kommen wir zu Punkt 3. In dem dritten Baustein geht es um die mittel- bis langfristigen Wünsche und Ziele. Hier geht es zum Beispiel um die Planung der Altersvorsorge oder Kindervorsorge. Deshalb geht man hier auf ein geringeres Risiko. Mögliche Anlageformen sind hier zum Beispiel Rentenfonds oder Verträge für die Altersvorsorge. Beim vierten Baustein sind alle anderen Bausteine abgeklärt und abgedeckt. Beim letzten Baustein besteht dann noch immer finanzieller Spielraum und so können Sie Ihr Vermögen mit höheren Renditechancen und Kursschwankungen aufbauen. Mögliche Anlageformen sind hier zum Beispiel Aktienfonds oder Aktien.

Ebenso ist es wichtig, für den Vermögensaufbau andere Baustellen zu berücksichtigen und abzuschließen. Es bringt nichts, so viel Kapital wie möglich zu investieren, wenn andere Risiken auftreten können und viel Geld kosten können. Ihr angespartes Geld wird Ihnen nichts nützen, wenn ein schlimmes, unvorhergesehenes Ereignis auftritt. Dies könnte zum Beispiel sein: Krankheit oder Pflegebedürftigkeit, Haftpflichtschaden, Berufsunfähigkeit oder im schlimmsten Fall der Todesfall. Für all diese Fälle gibt es Vorsorgeversicherungen, um Sie selbst oder Ihre Familie abzusichern. Deshalb ist es sehr wichtig, eine Bestandsaufnahme zu machen.

Wichtig ist es, dass Sie nie Ihr Anlageziel aus den Augen verlieren. So fällt es Ihnen leichter, monatlich zu sparen und ein gewisses Kapital aufzubauen. Hierbei muss genau geklärt werden, wie hoch Ihr Anlageziel ist und welche Sparraten in Betracht kommen. Immer mehr sind nachhaltige Anlagemöglichkeiten von großer Bedeutung für die Anleger. Somit können Sie nicht nur Ihr Vermögen aufbauen, sondern auch etwas für Ihre

Umwelt tun. Viele Banken bieten nun auch verschiedene Anlagemöglichkeiten für Ihre Anleger an, die einen nachhaltigen Hintergrund haben. Und das erfreut viele Anleger.

Neben dem Vermögensaufbau ist auch der Vermögenserhalt ein wichtiger Bestandteil. Sie sollten die Inflation immer im Blick behalten und Ihr Kapital oder die monatliche Sparrate in unterschiedliche Anlageformen investieren.

Sie sollten Ihren Anlagehorizont kennen. Dieser bestimmt nämlich, welche Anlagemöglichkeit für Sie interessant ist und welche nicht. Dazu gehören ebenfalls die Risiken und Gewinne. Man unterscheidet zwischen drei Anlagezeiträumen. Der kurzfristige Anlagehorizont schwebt zwischen 1 und 3 Jahren. Hier spielt die Verfügbarkeit eine große Rolle. Daher werden hohe Renditen in diesem Anlagehorizont eher nicht als Priorität 1 angesehen. Neben der kurzfristigen Anlagezeit gibt es die mittelfristigen Anlagen. Diese sind bei 3 bis 10 Jahren. Hier sind stabile Anlagemöglichkeiten gern gesehen, wie zum Beispiel Anlage in Immobilien. Als dritten Anlagehorizont gibt es die langfristigen Anlagemöglichkeiten. Hier ist es wichtig, dass der Anleger eventuelle Kursschwankungen hinnimmt und so vom Cost-Average-Effect Gebrauch macht.

Wer sich mit dem Thema Vermögensaufbau schon einmal auseinandergesetzt hat, kennt bestimmt das magische Dreieck der Vermögensanlage. Hier geht es um die Grundregeln der Anlage. Das Dreieck besteht demnach aus drei Ecken und umfasst folgende Themen: Sicherheit, Verfügbarkeit und Rendite. Es ermöglicht Ihnen keine Anlage, die alle drei Ecken umfasst. Wenn Sie weniger Risiko eingehen möchten und schnell über das Kapital verfügen möchten, erhalten Sie keine hohe Rendite. Andersrum genauso.

Wichtiger ist es jedoch, sein Kapital breit zu fächern und so von allen Ecken des Dreiecks profitieren zu können. Sobald Sie in viele Anlagen investieren, vermindern Sie das Risiko und in alle Ecken des Dreiecks. Deshalb ist es so wichtig, in unterschiedliche Anlageformen zu investieren, da es sein kann, dass es ein Sinken des Kurses gibt und in dem einen Markt eine negative Entwicklung gibt und dafür in dem anderen eine positive Entwicklung. Man unterscheidet zwischen fünf verschiedenen Klassen, die sich unterschiedlich auf dem Markt auswirken: Einlagen, Immobilien,

Wertpapiere, Rohstoffe und alternative Investments.

Zuerst sollten Sie auch auf Ihr Bauchgefühl hören. Welche Anlageklassen sprechen Sie an und wo haben Sie vielleicht schon Erfahrung sammeln können? Vielleicht haben Sie auch schon ein besonderes Interesse an einer bestimmten Branche? Das hilft Ihnen beim Sparen und bei der Anlageentscheidung. Bleiben Sie aber dennoch geduldig. Es kann sein, dass sich eine Anlage nicht nach Ihren Wünschen entwickelt. Behalten Sie deshalb Ihr Durchhaltevermögen oder, wenn Sie sich unsicher sind, vereinbaren Sie einen Termin bei Ihrem Bankberater.

Priorität Nummer eins sollte bei Ihnen immer Ihre Wünsche und Ziele haben, worauf Sie aufbauen und so Ihr eigenes Portfolio einrichten können. Das Wichtigste sind die Wünsche, Ziele und die Bedürfnisse eines Menschen. Deshalb nennt man die Bankberater auch gern Wunscherfüller. Hierbei kommt es immer darauf an, was Sie mit Ihrem Portfolio erreichen möchten, wie viele Risiken Sie eingehen möchten und wie lange Sie investieren möchten. Zudem muss Ihnen klar sein, wie viel Sie monatlich dafür sparen möchten, um das Portfolio so aufzubauen, dass Sie all Ihre Wünsche und Ziele erreichen können. Es wird zwischen drei gängigen Portfolios unterschieden. Es gibt einmal das Wert-haltende Portfolio: Hier investieren Sie zum größten Teil in risikoarme Anlagen, die vor der Inflation geschützt sind. Sie müssen davon ausgehen, dass hier nicht allzu große Gewinne erwirtschaftet werden. Die Sicherheit bleibt bei diesem Portfolio im Vordergrund. Deshalb sollten Sie hier auch einen Teil Ihres Geldes in risikoreiche Anlagen investieren, sodass Sie auch eine Chance auf Rendite und Gewinne erhalten. Das nächste Portfolio ist das ausgewogene Portfolio: Hier strebt man eine gleichmäßige Verteilung von Chance und Sicherheit an. Bei dem dritten Portfolio geht es um ein wachstumsorientiertes Portfolio; dies baut auf hohe Renditen und höhere Risiken. Hier spielt das Thema Sicherheit kaum eine Rolle. Dennoch sollten Sie, wenn Sie sich für dieses Portfolio entscheiden, ebenfalls nebenbei Anlagen aussuchen, die das Thema Sicherheit als Priorität Nummer eins haben. Natürlich gibt es noch weitere Portfolios neben diesen drei Möglichkeiten. Zum Beispiel gibt es noch das dynamische Portfolio. Hier steht die stabile Basis im

Vordergrund, die durch stark schwankende Anlagen mit höheren Renditechancen ergänzt wird. Die Sicherheit wird durch die breite Streuung wiederhergestellt.

Aktien haben sich auf lange Sicht im Portfolio bewährt und sind zu einer der wichtigsten Anlageklassen geworden. Vor allem in jungen Jahren rentiert sich eine Anlage in Aktien. Sie haben genug Zeit und Erfahrung, um eine negative Börsenentwicklung abzuwarten und im richtigen Moment zu verkaufen. Sobald das Alter mehr eine Rolle spielt, sollten Sie nicht Ihr komplettes Vermögen in Aktien investieren, sondern auch in Anlageklassen, die das Thema Sicherheit ansprechen. Sie könnten eventuell Ihre Anteile zu einem ungünstigen Zeitpunkt verkaufen und so Verluste generieren.

Eine Investition in Immobilien bringt eine stabile Basis und ist für Anleger interessant, die noch keine Erfahrungen gemacht haben, oder für die, die bereits erfahren sind. Sie machen den Einstieg in die Finanzwelt sehr einfach. Jeder kennt Immobilien, nutzt diese und weiß auch, welche Kosten auf einen zukommen können, egal, ob als Eigenheimbesitzer oder Mieter. Daneben sind

Immobilien krisensicher und risikoärmer als andere Anlagen. Dadurch erhalten Sie eine stetig wachsende Rendite. Man nennt Immobilien nicht umsonst Betongold.

Das Thema Fonds spielt eine wichtige und große Rolle bei der Investition in unterschiedliche Anlageklassen. Fonds investieren nämlich in viele verschiedene Einzelfonds, wie zum Beispiel Aktien eines Unternehmens A und Aktien eines Unternehmens B und so weiter. Damit erhalten Sie als Anleger eine hohe Stabilität und das Risiko wird verteilt. Sie als Anleger müssen gar nichts unternehmen, außer monatlich zu investieren. Alles andere übernimmt für Sie der Fondsmanager, den Sie natürlich auch bei der Anlage bezahlen müssen. Dies wird aber mit den monatlichen Einzahlungen verrechnet. Die Fondsmanager schauen sich jeden Tag das Portfolio des Anlegers an und entscheiden, ob sie weiterhin in die Aktie investieren oder in eine andere. Sie können auch nicht nur in Aktienfonds investieren. Es gibt auch die sogenannten Immobilienfonds. Diese bieten ebenfalls eine sehr stabile Anlage. Neben Edelmetallen und Grundstücken zählen auch Investment- und Immobilienfonds zu den beliebtesten

Geldanlagen der Deutschen (laut Umfrage Pandemiejahr 2020).

Sobald Sie sich für ein Portfolio oder mehrere Anlageklassen entschieden haben, sollten Sie auch auf Ihre Geldanlage vertrauen und ein gutes Bauchgefühl haben. Sollten Sie das nicht haben, dann wird es wohl nicht die richtige Anlage für Sie sein. Dann heißt es, informieren Sie sich noch mal genau und vereinbaren Sie einen Termin bei Ihrem Bankberater für Fragen. Bleiben Sie erst mal entspannt. Sie haben so viel Zeit investiert, die richtige Strategie zu finden, deshalb sollten Sie jetzt nicht mit vorschnellen Entscheidungen handeln. Behalten Sie den Mehrwert Ihrer Strategie im Blick.

Sie haben sich nun entschieden und Ihre Anlage läuft vielleicht schon einige Monate oder Jahre. Sie sollten diese immer mal wieder im Blick haben und regelmäßig überprüfen lassen oder selbst überprüfen. Dies nennt man auch Rebalancing. Ihr Portfolio ist aktuell auf Ihre jetzige Situation zugeschnitten, diese kann sich aber ständig ändern. Sind Sie vielleicht Eltern geworden, haben Sie einen neuen Job angenommen, haben Sie mehr Gehalt erhalten oder etwas in der Art? Sie haben vielleicht erst mal in risikoärmere Anlagen investiert und möchten jetzt in risikoreichere Produkte sparen. Vielleicht möchten Sie auch einen Teil des Vermögens verkaufen, da Sie ein Ziel oder einen Wunsch von Ihnen verwirklichen wollen. Es beeinflusst jede erdenkliche Änderung Ihre Situation. Deshalb sollte Ihre Anlagestrategie genau auf Ihre aktuelle Situation passen. Sollten Sie mit 40 anfangen, Ihr Vermögen aufzubauen, gibt es folgenden Tipp: Es rentiert sich eine einmalige Investition mit einer höheren Summe, um die Jahre aufzuholen, in denen Sie keine Rendite erwirtschaften konnten oder es nicht wussten. Möchten Sie mit 50 anfangen, Ihr Vermögen nach und nach aufzubauen, gibt es folgenden Tipp: Überdenken Sie in eine Umschichtung in risikoärmere Anlagen. Haben Sie die Börse im Blick. Bei positiven Kursen können Sie verkaufen und so noch einige Gewinne mitnehmen. Mit solchen Umschichtungen minimieren Sie das Risiko und erhalten einen stabilen Zuwachs für Ihr Alter.

Sie sollten sich nicht auf Steuervorteile verlassen und nur deswegen Ihre Anlageklasse aussuchen. Auf lange Sicht hat sich eine solche Anlage als nicht bewährt erkennbar gemacht. Ändert sich die Gesetzeslage, so ändern sich auch die Steuervorteile.

Zudem sollten Sie sich auch beim Anbieter, dem Sie Ihr Geld anvertrauen, sicher sein. Ihre Einschätzung eines Unternehmens ist sehr viel wert und beeinflusst Ihren Anlagehintergrund. Fühlen Sie sich dort wohl? Versteht der Anbieter was von seinen Dienstleistungen, die er anbietet? Hatte der Anbieter negative Schlagzeilen?

Die Rendite einer bestimmten Anlage kann Sie davon überzeugen, in diese Anlage zu investieren. Jedoch ist nicht Rendite gleich Rendite. Lesen und beachten Sie das Kleingedruckte. Wie oben schon beschrieben, will der Fondsmanager ebenfalls eine kleine Abfindung für seinen Job haben. Sie bezahlen für Zuverlässigkeit, Service und Qualität in Form von Depotgebühren, Ausgabeaufschlägen und so weiter.

Auch, wenn Sie sich auf die Experten sprich Bankberater verlassen, haben Sie jedoch das letzte Wort und Sie treffen mit Ihrer Unterschrift die Entscheidung Ihrer Strategie. Wenn Sie sich selbst für Ihre eigene Anlagestrategie entscheiden, sparen Sie meistens den Ausgabeaufschlag. Sie müssen selbst einschätzen, wie wohl Sie sich fühlen.

Hier kommt es auch drauf an, ob Sie bereits Erfahrungen gesammelt haben oder unwissend sind. Sollten Sie sich mit einem Experten sicherer fühlen, dann schrecken Sie deshalb nicht zurück und vereinbaren Sie einen Termin. Trotzdem kann ein Experte Ihnen nicht die 100 % Sicherheit geben. Hier können ebenfalls Kursschwankungen entstehen.

Bleiben Sie entspannt und lassen Sie sich nicht von steigenden oder fallenden Börsenkursen irritieren. Wie Sie weiter oben bereits gelesen haben, ist es für Sie sogar von Vorteil, wenn es Kursschwankungen gibt. Lassen Sie Ihre Geldanlage für sich arbeiten und bleiben Sie geduldig.

Sie haben jetzt gelesen, worauf es beim Vermögensbau ankommt und was wichtig ist. Es gibt keine Regeln für eine gute Strategie. Auch Sie müssen Ihre eigenen Erfahrungen machen, ob positiv oder negativ. Machen Sie das, womit Sie sich wohlfühlen und nachts noch schlafen können.

In nur paar Schritten zur richtigen Geldanlage, wie?

Das Thema Geldanlage ist ein recht kompliziertes Thema für die Deutschen, obwohl das Sparen bei vielen im Vordergrund steht, ist eine monatliche Ansparung auf ein klassisches Sparbuch oder Tagesgeldkonto normal. Deshalb sollten Sie die wenigen Schritte einer richtigen Geldanlage nutzen, um vor dem Gespräch mit dem Berater gut informiert zu sein.

Hier geht es um Ihre Wünsche und Ziele, eventuelle Kredite, Risiko oder Sicherheit, Rendite. Die wichtigsten Kriterien, um erfolgreich sein Vermögen anzulegen bzw. aufzubauen, sind Risikostreuung und niedrige Kosten.

1. Schritt: Machen Sie eine aktuelle Bestandsaufnahme. Hier geht es um alltägliche Themen, wie zum Beispiel Ihr Girokonto, vorhandene Versicherungen, Kredite und Sparpläne, Vermögen, Eigenheim. Sie sollten darauf achten, dass Sie bei Ihrem Girokonto Gebühren oder Kosten einsparen können, sowie bei den Versicherungen überprüfen, ob eventuelle Überversicherung besteht oder man eine Versicherung nicht benötigt, aber dafür eine andere. Zudem werden hier auch Kreditkarten abgefragt, ob diese benötigt werden. Zum anderen werden die Kredite von Ihnen angeschaut und überprüft, ob Sie eventuelle Einsparungen erhalten können. Zusammengefasst kann man hier sagen, dass alles, was man alltäglich im Gebrauch hat, abgefragt und auf den neusten Stand gebracht wird. Zudem wird hier auch überprüft, welche Einnahmen und Ausgaben Sie monatlich haben und welche staatliche Förderungen Ihnen

zustehen. Ihre aktuelle familiäre Situation wird ebenfalls abgefragt.

2. Schritt: Hier werden Ihre Wünsche und Ziele abgefragt. Das Wichtigste für Ihre Geldanlage sind nämlich Ihre persönlichen Ziele, Wünsche und Bedürfnisse, worauf Sie daraufhin monatlich sparen oder ein Kapital anlegen. Ebenso kommt es auch darauf an, in welche Anlageklasse investiert wird. Geht es zum Beispiel um Ihr Alter, sollten Sie eher risikoärmere Geldanlagen aussuchen. Sie benötigen diese für eine gute Planung und für die richtige Entscheidung Ihrer Anlagestrategie. Nehmen Sie sich hierfür besonders Zeit, denn hier geht es um Sie und Ihre Bedürfnisse.

Was erwarten Sie demnach von Ihrer Geldanlage und Ihrer jetzigen Lebenssituation? Wann möchten Sie diese Ziele und Wünsche erreichen? Längerfristig oder kurzfristig? Planen Sie einen Umzug oder eventuell Ihre eigenen vier Wände? Möchten Sie Ihre eigene Familie gründen oder möchten Sie Karriere machen und planen Sie eine kostenintensive Weiterbildung? Sind Sie finanziell stabil oder erhalten Sie in den nächsten Monaten eine Gehaltserhöhung? Möchten Sie einmalig ein Kapital anlegen oder möchten Sie monatlich etwas sparen? Sie sehen, dieser Part wird wahrscheinlich der schwierigste überhaupt sein. Dennoch müssen Sie sich weiterhin Gedanken machen und wann Sie diese Wünsche und Ziele in etwa erreichen möchten und welche Priorität haben und welche in weiter Zukunft stehen. Was auch noch dazu beiträgt, ist die Frage, wie viele finanzielle Mittel benötigen Sie, um eines Ihrer Ziele zu erreichen? Nicht zu vergessen, ist auch das Thema Bildung einer Rücklage, denn Unvorhergesehenes kann leider immer kommen. Diese Fragen und noch viel mehr sollten Sie sich stellen, denn somit können Sie Ihre eigene richtige und auf Sie abgestimmte Anlagestrategie erhalten.

3. Schritt: Ihre Kredite haben Vorrang. Bedenken Sie bitte, dass Kredite meistens teurer sind, als Sie bei einer Geldanlage erwirtschaften können. Sie sollten immer zuerst versuchen, Ihre Kredite komplett zu tilgen, und dann anfangen, monatlich zu sparen. Wer schuldenfrei ist und genügend Rücklagen gebildet hat, vermeidet so in Zukunft, das Girokonto zu überziehen. Sollte etwas Unvorhergesehenes geschehen, haben Sie genügend

Rücklagen dafür aufgebaut. Hier ist ein Tagesgeldkonto am besten vorgesehen.

4. Schritt: Wohneigentum. Sie werden zu Ihrem bestehenden oder in Zukunft bestehenden Wohneigentum abgefragt. Diese Frage ist tendenziell sehr wichtig, da Sie in Zukunft von Ihrem Opa oder Oma oder Ihren Eltern Wohneigentum erben können. Bei den eigenen vier Wänden sind immer Kosten, die anfallen. Deshalb sollte man hier auch monatliche Rücklagen bilden bzw. dieses bei Ihren Wünschen und Zielen berücksichtigen.

5. Schritt: Staatliche Förderung ist der nächste Schritt, wobei Sie sich Gedanken machen sollen, ob Sie bereits die Förderung in Anspruch nehmen und wie oder ob die staatliche Geldförderung für Sie in Betracht kommt. Hierbei kommt es auch immer auf Ihr Gehalt bzw. auch auf Ihren Ehepartner an. Dies ist ein wichtiges Thema, da Sie zusätzlich zu Ihren monatlichen Sparbeiträgen und Renditechancen weitere Geldgeschenke erhalten können.

6. Schritt: Ihre Altersvorsorge. Eines der wichtigsten Themen und einer der wichtigsten Aspekte bei der Vermögensbildung ist das Thema Altersvorsorge. Alles, was Sie im Moment sparen, kann auch Schwankungen unterliegen und Sie sollten sich Gedanken über Ihre Altersvorsorge machen. Vor allem, wenn Sie Familie haben und Sie der Alleinverdiener sind. Viele junge Menschen denken an heute und nicht an morgen. Wie schnell ist man älter, man möchte eine Familie gründen oder seine eigenen vier Wände bauen? Sehr schnell ... umso besser, wenn man sich schon in frühen Jahren mit dem Thema Altersvorsorge beschäftigt hat.

Ihre Altersvorsorge kann in verschiedenen Formen vorkommen und unterschiedlich aussehen. Eine Form ist zum Beispiel das eigene Haus bzw. die eigenen vier Wände. Erben Sie eventuell in Zukunft ein Grundstück oder ein Haus? Eine andere Form kann sein, dass Sie einen monatlichen Sparvertrag anlegen. Zusätzlich kommen dann hier noch die staatlichen Geldgeschenke dazu. Hier handelt es sich um einen Riester-Vertrag. Diesen können Sie auch noch besparen, wenn Sie Kinder haben, denn diese bringen Ihnen zusätzlich staatliche Vorteile in Form von jährlichen Geldgeschenken. Andere Altersvorsorgeformen können auch Gold oder andere Verträge sein, wie zum Beispiel Lebensversicherungen. Bei Ihrem Bankberater sind die klassischen Altersvorsorgeformen bestimmt der Riester-Vertrag und die eigenen vier Wände.

7. Schritt: Ihre aktuellen und zukünftigen Versicherungen. Das Thema Versicherungen spielt eine große Rolle. Sie können so viel Geld ansparen, wie Sie nur können. Sollte allerdings ein finanzieller Rückschlag bei Ihnen vorkommen und Sie haben diesen nicht genügend abgesichert, müssen Sie an Ihr erspartes Geld dran. Es kann zum Beispiel sein, dass Sie Ihre eigenen vier Wände haben, aber keine Hausratversicherung. Bei einer Hausratversicherung müssen Sie sich es so vorstellen: Sie stellen Ihr Haus auf den Kopf und alles, was rausfliegen kann, gehört zur Hausratversicherung. Sollte jetzt bei Ihnen ein Brand vorkommen und Sie haben keine Hausratversicherung abgeschlossen, müssen Sie alle Dinge, die die Versicherung betreffen, selbst zahlen. Das kann in unendliche Geldbeträge gehen. Deshalb ist das Thema mit den Versicherungen so wichtig, dass Sie sich darüber

Gedanken machen sollen, bzw. wenn Sie bei Ihrem Bankberater einen Termin haben, auch über solche Risiken sprechen. Das bedeutet, dass bestimmte Ereignisse finanzielle Auswirkungen haben können. Und diese Auswirkungen können dann auf Ihre Geldanlage wirken. Wer eine Familie zu versorgen hat, möchte Risiken umgehen und weiterhin den Lebensstandard aufrechterhalten. Wichtig ist es, zu wissen, welche Risiken Sie absichern wollen bzw. wo Ihre Prioritäten liegen. Alle Risiken können Sie nicht doppelt und dreifach absichern, denn sonst sind Sie überversichert und das wollen wir nicht.

8. Schritt: Vermögensbildung. Der letzte Schritt ist demnach dann Ihre Vermögensbildung. Hier spielen Ihre Wünsche und Ziele, die in den Schritten vorher schon besprochen wurden, eine wichtige und große Rolle. Wenn Sie immer Ihre Wünsche und Ziele im Hinterkopf behalten, gelingt Ihnen Ihre Vermögensbildung am besten. In diesem Schritt wird alles Weitere besprochen. Welche Risiken möchten Sie eingehen oder sind Sie eher sicherheitsbewusst? Was ist Ihnen am wichtigsten, Verfügbarkeit oder Rendite? Alles, was Sie auf den

vorherigen Seiten erfahren haben, wird hier abgefragt. Und so können Sie selbst entscheiden oder Sie werden von Ihrem Bankberater beraten, welche Produkte bzw. Wunschlösungen zu Ihnen und Ihren Bedürfnissen passen. Das bedeutet, Ihre Geldanlage ist genau auf Sie zugeschnitten und passt zu Ihnen.

Wichtig ist, wie Sie einige Zeilen vorher bereits gelernt haben, dass Sie eine gute Anlagestruktur haben. Das heißt: Setzen Sie nicht alles auf ein Pferd, sondern auf mehrere. Wie viel Risiko wollen Sie tragen? Je mehr Risiko, desto höher ist die Chance, dass die Erträge der Geldanlage höher ausfallen. Entscheidend ist, das Risiko so zu dosieren, dass Sie sich wohlfühlen und es zu Ihren Wünschen und Zielen passt. Ihnen sollte ebenso klar sein, dass es auch zu Kursschwankungen auf dem Markt kommen kann. Was aber weiter nicht schlimm ist. Ihnen sollte klar sein, dass es Verluste geben kann. Trotzdem sollten Sie sich damit auseinandersetzen, denn nicht jeder, der sich ein hohes Risiko wünscht, kann sich aufgrund seiner Lebenssituation dies auch leisten und es hinnehmen. Deshalb sollten Sie sich eine gute Anlagestrategie überlegen, die auch zu Ihren Bedürfnissen passt.

Streuen Sie Ihr Risiko. Es gibt immer Schwankungen und Risiken. Aktien können immer mal wieder einbrechen. Sie sollten jedoch nicht nur auf mehrere Produkte einer Anlageklasse setzen, sondern auf mehrere Anlageklassen. So streuen Sie Ihr Risiko und es kann auch mal eine Anlage geben, die im Moment nicht gut läuft. Die Anlageklassen entwickeln sich in unterschiedliche Richtungen. Wenn Aktien schwächeln, hatte in der Vergangenheit oft die Anlageklasse der Anleihen die Nase vorn und auch umgekehrt. Als zum Beispiel der Aktienmarkt einbrach, boomte der Goldpreis. Verteilen Sie Ihr Vermögen auf die unterschiedlichen Anlageklassen. Man nennt diese Streuung auch Diversifikation.

9. Schritt: neue Terminvereinbarung. Wenn wir davon ausgehen, dass Sie bei Ihrem Bankberater einen Termin zur Vermögensbildung haben, wird hier wahrscheinlich ein neuer Termin stattfinden. So kann Ihr Berater alles vorbereiten und fertig machen und Sie müssen nicht so lange warten.

10. Schritt: Meistens wird einmal im Jahr ein komplettes Check-up durchgeführt. Das bedeutet, Sie

und Ihr Berater schauen sich gemeinsam Ihre Geldanlage an. Hat sich was Dramatisches verändert oder haben Sie sogar schon eine gute Rendite gemacht? Hat sich vielleicht bei Ihnen und Ihrem Umfeld etwas geändert, sodass Ihre Geldanlage auf andere Weise angelegt werden muss? Solche Dinge werden dann abgefragt und eventuell erneuert. Falls Sie sich allein auf den Weg machen, Ihre eigene Anlagestruktur zu finden, dann machen Sie sich eine Erinnerung, dass Sie ab und zu Ihre Geldanlage analysieren. Sollten Sie Onlinebanking besitzen oder alles online machen, können Sie öfter hineinschauen. Aber lassen Sie sich bitte nicht beunruhigen, wenn es in der ersten Zeit nicht so läuft, wie Sie es wünschen. Falls Sie sich unsicher sind, suchen Sie das Gespräch mit Ihrem Bankberater.

Wenn Sie sich allein trauen, Ihre Anlagestrategie zu erstellen, dann machen Sie das. Die meisten Banken erhalten bei Abschluss eine Provision für die Beratung. Niemand kann vorhersagen, wie sich Ihre Geldanlage entwickelt. Sehen Sie sich deshalb auch die Wertentwicklung der Vergangenheit hat, aber kritisch. Es gibt Prognosen, wie sich die Anlage entwickeln könnte. Dies ist aber keine 100-prozentige Sicherheit, da es immer anders kommt, als man erwartet oder denkt. Seien Sie deshalb skeptisch und vorsichtig und behalten Sie immer einen Überblick.

Je nach Produkt kommen unterschiedliche Kosten auf Sie zu, und je nachdem, ob Sie selbst online in das Produkt investieren oder ob Sie das über Ihren Bankberater machen, ebenfalls. Kosten und Provisionen schmälern Ihren Ertrag. Bei Fonds fallen ebenfalls Kosten an, diese stehen in den wesentlichen Anlegerinformationen. Lesen Sie daher immer das Kleingedruckte. Sie sollten nicht durch die tolle Wertentwicklung und Prognosen Ihre Augen verschließen. Betrachten Sie auch immer die Kosten, die Depotkosten oder auch die Kosten, um eine Investition in das Produkt zu gewährleisten.

Wichtig ist, dass Sie Ihre Anlagestrategie immer im Blick haben. Ihre Wünsche und Ziele können sich jederzeit ändern. Nicht nur Ihre Wünsche und Ziele, sondern auch Ihr Leben kann sich ändern. Eventuell eine Familie, neue Arbeit und so weiter. Deshalb kontrollieren Sie dies immer, denn diese können sich jederzeit ändern.

Beschäftigen Sie sich in regelmäßigen Abständen mit Ihrer Geldanlage. Es können auch unvorhergesehene Ereignisse eintreten. Sie könnten ebenfalls etwas erben und das Thema Rendite tritt mehr in Vordergrund als das Thema Sicherheit.

Über welche Themen sollten neben dem Vermögensaufbau noch gesprochen werden?

Darüber hinaus gibt es neben dem Thema Vermögensaufbau noch weitere, über die man genau sprechen sollte. Diese haben wir bereits in den Zeilen weiter oben beschrieben. Hier geht es um Versicherungen, um genau diese, die man neben dem Vermögensaufbau benötigt. Jede Geldanlage kann noch so toll sein und eine hohe Rendite versprechen, wenn etwas Unvorhergesehenes im Leben einen überrollt und man dann an sein Erspartes muss, ist es nie ein schönes Thema. Versicherungen sichern die finanzielle Notlage ab, in die man eventuell geraten kann.

Es kommt immer darauf an, in welcher Lebensphase man sich befindet. So erkennt man genau, welche Versicherungen für einen wichtig sind. So ist es für junge Menschen sicherlich eher sinnvoll, eine Haftpflichtversicherung abzuschließen als eine Hausratversicherung. Für ältere, die in Ihren eigenen vier Wänden wohnen, ist sicherlich sinnvoll, eine Absicherung mittels einer Hausratversicherung, Wohngebäudeversicherung oder Lebensversicherung abzuschließen.

Im Folgenden wird Ihnen erklärt, welche Versicherung in welchem Lebensabschnitt sinnvoll sind und die dazugehörige Begriffserklärung.

Hier einige Beispiele, welche Absicherung für wen sinnvoll ist.

Junger Mann, hat gerade seine Ausbildung als Dachdecker begonnen, wohnt noch bei seinen Eltern und ist 16 Jahre alt. Seine Hobbys sind Fußball und Skateboard-Fahren. Er verreist sehr gern mit seiner Freundin. Was würden Sie empfehlen? Für den jungen Mann wäre auf jeden Fall eine Haftpflichtversicherung, Krankenversicherung, Unfallversicherung, Auslandskrankenversicherung und Berufsunfähigkeitsversicherung sinnvoll. Das hört sich nach vielen Versicherungen an, aber man muss den jungen Kunden genau befragen, welche Prioritäten er hat. Davon ist dann abhängig, welche man zuerst abschließt und welche eventuell zum Schluss. Sicherlich ist, erst mal eine Haftpflichtversicherung und eine Berufsunfähigkeitsversicherung am wichtigsten. Sollte ihm als Dachdecker etwas zustoßen, wie zum Beispiel vom Dach zu fallen, kann er diesen Beruf nicht mehr ausüben und ist dann über die Berufsunfähigkeitsversicherung abgesichert.

Zweites Beispiel.

Mann, mittleren Alters, 35 Jahre alt, verheiratet, ein Kind, arbeitet als Bürokaufmann in einem großen Unternehmen, seine Hobbys sind: zu verreisen, sein Auto und Tischtennis zu spielen. Er besitzt ein eigenes Haus, wobei noch einige Jahre die Kreditrate gezahlt werden muss. Was empfehlen Sie? Für den Familienvater wäre auf jeden Fall eine Familienhaftpflichtversicherung sinnvoll sowie Unfallversicherung, Hausratversicherung, Wohngebäudeversicherung, Berufsunfähigkeitsversicherung, Lebensversicherung, Auslandskrankenversicherung, Krankenversicherung und Kfz-Versicherung. Hier muss man auch beachten, welche Prioritäten der Familienvater hat.

Eine **Haftpflichtversicherung** ist ein finanzieller Schutz. Wie der Name schon sagt, sollte es eine Pflicht-Versicherung sein. Diese Versicherung erstattet Schadenersatz. Sollten Sie einen Schaden verursachen, sind Sie verpflichtet, diesen an einen anderen zu erstatten. Sollten Sie zum Beispiel die neue Brille Ihres Freundes kaputt machen, sind Sie verpflichtet, diesen Schaden zu erstatten. Sie melden es Ihrer Versicherung und diese prüft dann in, welcher Höhe sie den Schaden erstattet. Sollten Sie diese Versicherung nicht besitzen, sind Sie selbst verpflichtet, den Schaden aus eigener Tasche zu zahlen. Bei einer Brille vielleicht das kleinste Problem, aber bei einem höheren Schaden, wie zum Beispiel einem Fernseher oder an einem Auto, kommen doch erhebliche Summen zusammen. Die Haftpflichtversicherung bietet dem Versicherer und seiner Familie Schutz.

Die **Private Krankenversicherung** ist eine Zusatzversicherung zur gesetzlichen Krankenversicherung. Aufgabe ist es, Versicherer eine ergänzende Zusatzleistung anzubieten, was die gesetzliche Krankenversicherung nicht macht. Hier sind zum Beispiel einige Zusatzleistungen zum Zahnarzt abgesichert sowie bestimmte Leistungen zu Ihren Augen oder auch Krankenhausaufenthalte. Unterschied zwischen der gesetzlichen und privaten ist, dass die gesetzliche vom Einkommen abhängt und die private von Alter und Gesundheit.

Unfallversicherung ist die Absicherung von Personen gegen die Folgen eines Unfalls. Es erleiden immer mehr Menschen einen Unfall. Die meisten passieren in der Freizeit, zu Hause oder beim Sport. Ein Unfall kann oft folgenschwere gesundheitliche oder finanzielle Probleme nach sich ziehen. Hier tritt die Unfallversicherung in Kraft. Der Versicherungsschutz gilt rund um die Uhr und weltweit. Die Unfallversicherung bringt

einige Begrifflichkeiten mit sich wie Invaliditäts-
leistung. Hierunter versteht man eine Einmalleis-
tung. Die Unfallrente ist eine lebenslange Rente
bei einer schweren und dauerhaften Beeinträchti-
gung. Bei der Todesfallleistung haben die Hinterbliebenen einen Anspruch auf die versicherte To-
desfallsumme. Das Tagesgeld oder Krankenhaus-
tagegeld ist ein Tagegeld, was bis zu einem Jahr
nach dem Unfall gezahlt wird. Ein Unfall kann
auch etwas weiter weg passieren, zum Beispiel im
Urlaub. Hier kommt das Thema mit den Bergungskosten zum Tragen. Die Unfallversicherung übernimmt dann die eventuell angefallenen Such-, Ret-
tungs- und Bergungskosten. Zur Unfallversicherung zählen ebenfalls auch kosmetische Operatio-
nen. Unfälle können ebenfalls die Äußerlichkeiten
beeinträchtigen. Die Versicherung trägt dann unter bestimmten Voraussetzungen die angefallenen
Kosten für die kosmetische Operation.
Eine **Auslandskrankenversicherung** ist für das
Ausland bestimmt. Diese übernimmt die Kosten,
die im Ausland durch medizinische Behandlungen
anfallen, aber auch der Rücktransport ist ein we-
sentlicher Bestandteil dieser Versicherung. Eine

Absicherung eines Auslandsaufenthaltes ist für jeden wichtig und sinnvoll, der ins Ausland reist.

Eine **Berufsunfähigkeitsversicherung** ist eine der wichtigsten und sinnvollsten Versicherungen, die es gibt. Wer aus gesundheitlichen Gründen seinen erlernten Beruf nicht mehr ausüben kann, hat demnach kein Einkommen mehr und steht so vor finanziellem Ruin. Laut einer Statistik wird jeder vierte Berufstätige berufsunfähig. Die Ursachen liegen meistens im psychischen Bereich. Jeder, der einen Beruf ausübt, sollte über eine solche Versicherung nachdenken. Hier zahlt die BU-Versicherung im Falle eine monatliche Rente, die vorher vertraglich vereinbart wurde. Je früher man eine BU abschließt, umso kostengünstiger ist diese. Auch der Beruf spielt eine große Rolle. Eine Berufsunfähigkeitsversicherung sichert Sie finanziell ab.

Eine **Hausratversicherung** versichert den Hausrat gegen Feuer, Wasser und Einbruch. Sie schützt den Wert aller beweglichen Gegenstände im Haushalt. Wenn Sie zum Beispiel das Haus auf den Kopf stellen, gehört alles, was rausfällt, zur Hausratversicherung. Wenn es bei Ihnen brennt, Sie einen Wasserschaden haben, einen Einbruch erleben oder Unwetterschäden, kommt hier die Hausratversicherung zum Vorschein. Es kommt auf die Lage des Hauses oder Wohnung und auf die Größe an, welche Kosten hier für Sie anfallen.

Die **Wohngebäudeversicherung** ist eine Sachversicherung, die das Wohngebäude betrifft. Im Vertrag ist festgehalten, welches Gebäude es betrifft. Die Gefahren, die bei dieser Versicherung abgesichert sind, sind Feuer, Wasserschaden, Sturm und Hagel. Hier kommt es auch auf die Lage des Hauses an, auf das Alter und die Größe. Über diese Gefahren hinaus bieten meistens die Versicherungen weitere Absicherungen an, wie zum Beispiel Überschwemmungen und Erdbeben. Es kommt auf die Lage des Hauses an. Sollte ein Fluss in der Nähe sein, ist die Absicherung gegen Überschwemmungen sinnvoll. Versicherte Dinge sind folgende: das Gebäude und das dazugehörige Zubehör wie Briefkasten, Terrassen, Hundehütten, Einbaumöbel und Gebäudezubehör. Diese Versicherung ist sinnvoll für Hausbesitzer, diese schützt sie nämlich vor finanziellen Folgen.

Eine **Lebensversicherung** versichert die Hinterbliebenen im Falle des Todes. Es wird zwischen einer Risikoversicherung und

Kapitallebensversicherung unterschieden. Die Risikoversicherung bietet hohen Schutz für die Liebsten und bei der Kapitallebensversicherung wird gleichzeitig für das Alter vorgesorgt. Eine Lebensversicherung ist für alle sinnvoll, die Verantwortung im Leben tragen wollen. Wenn Sie eine Familie haben, sollten Sie vorsorgen, um Ihre Liebsten abzusichern. Mit der ausgezahlten Summe können dann Ihre Hinterbliebenen Kredite abzahlen oder die Ausbildung der Kinder finanzieren.

Eine **Kfz-Versicherung,** wie das Wort schon besagt, ist eine Absicherung Ihres Pkw. Sie schützt Kfz-Halter vor Schadenersatzansprüchen. Es könnte zum Beispiel ein Sachschaden entstehen, wenn das beteiligte Fahrzeug beschädigt wurde. Ebenso ist die Versicherung für Schmerzensgeld da oder sonstige Vermögensschäden anhand eines Kfz. Diese Versicherung ist eine Pflichtversicherung.

Eine **Tierhalterhaftpflichtversicherung** sichert den Tierhalter vor Schadenersatzansprüchen gegenüber Dritten ab. Diese Versicherung ist besonders wichtig für Tierhalter mit Pferden oder Hunden. Die Tierhalterhaftpflichtversicherung leistet bei Personenschäden zum Beispiel einem Biss, bei Sachschäden zum Beispiel der Hund zerbeißt teure Schuhe oder bei Vermögensschäden als Folge eines Personen- oder Sachschadens.

Eine **Rechtsschutzversicherung** sichert den Versicherer in Rechtsstreitigkeiten ab. In vielen Situationen muss ein Anwalt oder ein Gericht eingeschaltet werden. Eine solche Rechtsschutzversicherung bietet Schutz bei folgenden Beispielen: Nachbarschaftsstreit, Mietstreit, Arbeitsrecht, Familienrecht oder Verkehrsunfälle. Die Rechtsschutzversicherung teilt sich in vier Bausteine auf: Mietrechtsschutz, Arbeitsrechtsschutz, Verkehrsrechtsschutz und Privatrechtsschutz.

Sie sehen, es gibt viele Versicherungen, die wichtig sind. Dennoch sollten Sie gut überlegen, welche für Sie Priorität hat und welche nicht.

Welche steuerlichen Aspekte muss ich berücksichtigen?

Für Anleger ist es ebenso wichtig, gerade bei der Anlage, auf die steuerlichen Aspekte zu achten. Für Ihre Vermögensanlage gibt es auch einige steuerliche Aspekte zu berücksichtigen. So kommt es zum Beispiel bei den vermögenswirksamen Leistungen darauf an, was Sie im

Jahr bzw. mit Ihrem Ehepartner im Jahr verdienen. So errechnet sich dann demnach der staatliche Vorteil oder auch nicht.

Gesetzlich geregelt ist die Abgeltungssteuer. Wer Kapitalerträge oder Dividenden erwirtschaftet, muss die Abgeltungssteuer in Höhe von 25 % zuzüglich Solidaritätszuschlag und eventuell Kirchensteuer zahlen. Die Abgeltungssteuer ist ähnlich wie die Einkommenssteuer. Es heißt, dass deutsche Banken die Steuer vor der Auszahlung an das Finanzamt abführen. Es gibt ebenso eine sogenannte Günstigerprüfung. Die Anleger können eine solche Prüfung beim Finanzamt beantragen. Das Finanzamt prüft dann, was für den Steuerzahler am günstigsten ist, steuerlich gesehen. Dies wird meistens beim Kindergeld oder bei den Kinderfreibeträgen gemacht. Jedoch sind einige Anleger erst mal geschützt. Zinsen aus Aktien, Fonds, Anleihen und Zertifikaten sind in Höhe von 801 EURO für Ledige und für Verheiratete in Höhe von 1.602,00 EURO geschützt und steuerfrei. Hier muss man einen Freistellungsauftrag einrichten. Aber Sie müssen aufpassen: Die 801,00 EURO oder die 1.602,00 EURO gelten pro Person und nicht pro Bank.

Rechenbeispiele:

Beispiel 1: Summe der Anlage 10.000 EURO, Zinsen 3,50 %, Ertrag pro Jahr = 350,00 EURO

Freistellungsauftrag 801,00 EURO, somit würde der Anleger keine Abgeltungssteuer zahlen, da die 350,00 EURO unter den 801,00 EURO liegen.

Beispiel 2: Summe der Anlage 50.000 EURO, Zinsen 3,50 %, Ertrag pro Jahr = 1.750,00 EURO

Freistellungsauftrag: 801,00 EURO

Steuerpflichtig: 949,00 EURO (Ertrag – Freistellungsauftrag)

Abgeltungssteuer 25 % = 237,25 EURO Steuerabzug

Gewinn nach Steuern: 1.512,75 EURO

Beispiel 3: Summe der Anlage 50.000 EURO, Zinsen 3,50 %, Ertrag pro Jahr 1.750,00 EURO

Freistellungsauftrag: 1.602,00 EURO

Steuerpflichtig: 148,00 EURO (Ertrag – Freistellungsauftrag)

Abgeltungssteuer 25 % = 37,00 EURO Steuerabzug

Gewinn nach Steuern: 1.713,00 EURO

Ebenso müssen Sie beachten, dass Sie Kapitalerträge in Ihrer Steuererklärung angeben müssen. Steuerfreie Gewinne sind Gewinne aus dem Kauf von Wertpapieren, die aber vor 2009 erworben wurden. Haben Sie Wertpapiere vor Ablauf der Jahresfrist veräußert, so müssen Sie es in der Steuererklärung angeben.

Hat die Bank eventuell zu viel Abgeltungssteuer geltend gemacht, kann in der Steuererklärung eine Korrektur vorgenommen werden.

Bei der Riester-Rente ist es so, dass seit 2009 mit dem persönlichen Steuersatz versteuert wird. Viele Banken werben damit, dass es hier einen Steuervorteil gibt, jedoch muss man im Rentenalter die Riester-Rente trotzdem versteuern. Sie können aber die monatlichen Zahlungen, die Sie in die Riester-Rente zahlen, in Ihrer Steuererklärung geltend als Altersvorsorge-Aufwendungen machen.

Was es ebenfalls noch gibt, ist die NV-Bescheinigung. Diese gilt aber nur für Geringverdiener wie zum Beispiel Studenten, Rentner oder auch Teilzeitbeschäftigte. Diese Personenkreise haben die Möglichkeit, eine sogenannte Nichtveranlagungsbescheinigung erstellen zu lassen. Das bedeutet, dass die Anleger von der Besteuerung der Kapitalerträge befreit sind. Diese Beantragung ist immer erst dann sinnvoll, wenn die Erträge über dem Freistellungsbetrag liegen. Die NV-Bescheinigung kann beim örtlichen Finanzamt beantragt werden.

Ebenfalls können Sie auch mit ein bisschen Hintergrundwissen Steuern und Kosten bei Ihrer Geldanlage einsparen. Sie können zum Beispiel alte Aktien steuerfrei verkaufen. Das beinhaltet alle Wertpapiere, die vor 01. Januar 2009 gekauft wurden. Hier gilt die Regel: First in, First out. Nutzen Sie den Freistellungsauftrag und die NV-Bescheinigung komplett aus. Ebenfalls können Sie Gewinne mit Verlusten verrechnen. Es kann nämlich vorkommen, dass Sie beim Handel mit Aktien auch Verluste erwirtschaftet haben. Die Verluste können steuerlich geltend gemacht werden. Es entsteht ein Verlust für das Kalenderjahr, welches auch auf das Folgejahr übertragen werden kann. Informieren Sie sich über die Depotgebühren. Hierbei können Sie ebenfalls einige Euros sparen.

Da die Steuerfragen recht komplex und kompliziert sein können und die Gesetzgebung sich öfter mal ändern, ist es für Sie wichtig, sich rechtzeitig über Änderungen zu informieren. Falls Sie sich nicht sicher sind oder Sie kein Hintergrundwissen besitzen, dann suchen Sie sich einen professionellen Steuerberater, der Ihnen bei konkreten Fragen weiterhelfen kann.

Herstellung und Verlag:

BoD – Books on Demand, Norderstedt

ISBN: 9783756240777

© Matthias Kopischke 2022

1. Auflage

Kontakt: Psiana eCom UG/ Berumer Str. 44/ 26844 Jemgum

Covergestaltung: Fenna Larsson

Coverfoto: depositphotos.com